Shadows Over The Baltic: Short Stories for Swedish Language Learners

Artici Bilingual Books

Published by Artici Bilingual Books, 2024.

SHADOWS OVER THE BALTIC: SHORT STORIES FOR SWEDISH LANGUAGE LEARNERS

First edition. April 11, 2024.

Copyright © 2024 Artici Bilingual Books.

ISBN: 979-8224899173

Written by Artici Bilingual Books.

Table of Contents

Stockholms Skuggiga Gator

Stockholms gator var insvepta i mörker, en tjock dimma som virvlade genom de smala gränderna som en tyst skugga. Det var den typen av natt som fick även de mest härdade männen att skälva av obehag, en natt mättad av löften om fara som lurade i skuggorna.

I stadens hjärta, mitt bland de labyrintiska gatorna och gränderna, bodde en man vid namn Johan Andersson. Han var detektiv av yrke, hans dagar tillbringades med att lösa mysterier som lurade under stadens yta, hans nätter försvann i demonerna som hjemsökte hans drömmar.

Johan var en man av få ord, hans ansikte etsat av trötthetens linjer och hans ögon skymda av bördan av otaliga hemligheter. Han bodde ensam i en liten lägenhet med utsikt över stadens livliga gator nedanför, hans enda sällskap en flaska whiskey som han höll undanlagd i skrivbordslådans botten.

Under denna särskilda natt, när Johan satt ensam i sin lägenhet, bröts tystnaden bara av klockans tickande och de avlägsna ljudet av fotsteg som ekade genom gränderna, fick han besök av en oväntad gäst.

Det var en kvinna, hennes ansikte dolt under en hattbrätt och hennes figur inlindad i de mörka rockens veck. Hon rörde sig med en grace och elegans som dolde hennes ålder, hennes ögon glittrade med en antydan av skoj som hon korsade tröskeln in till Johans lägenhet.

Johan höjde ett ögonbryn i förvåning vid synen av kvinnan som stod framför honom, hans nyfikenhet väcktes av hennes oväntade ankomst. "Kan jag hjälpa dig?" frågade han, hans röst grov och vakande.

Kvinnan log, en skelv vridning av hennes läppar som sände en kalla längs Johans ryggrad. "Jag tror du kan, detektiv," svarade hon, hennes röst låg och melodiös. "För du ser, jag har ett förslag till dig."

Johan smalnade sina ögon, hans instinkter på högsta beredskap när han studerade kvinnan framför honom. "Och vilken slags förslag skulle det vara?" frågade han, hans röst präglad av misstänksamhet.

Kvinnan tog ett steg framåt, hennes ögon glittrade av beslutsamhet. "Jag behöver din hjälp för att hitta någon," sa hon, hennes röst knappt mer än en viskning. "Någon som har försvunnit spårlöst, lämnandes bara en bana av hemligheter och lögner bakom sig."

Johans intresse väcktes av kvinnans ord, hans sinne löpte med möjligheterna av vad hon kanske bad om honom. Han kände alltför väl till Stockholms mörka undersida, hemligheterna som lurade i dess mörkaste hörn och farorna som väntade på dem som vågade avslöja dem. Och ändå, trots riskerna, kunde Johan inte skaka av sig känslan att det fanns mer i denna kvinnas historia än vad ögat kunde se. Det fanns en eld i hennes ögon, en beslutsamhet som talade om en dold styrka under ytan, och Johan fann sig själv dragen till henne som en mal till en låga.

Utan ett ord reste han sig från sin plats och gestikulerade för kvinnan att följa honom, hans sinne redan fyllt med planer och strategier för att lösa mysteriet som låg framför dem. För Johan visste att i en stad som Stockholm, där skuggor lurade runt varje hörn och fara dolde sig i mörkret, var ingenting någonsin riktigt som det verkade.

Och när de gick ut i natten, dimman virvlande runt dem som en mantel av mörker, visste Johan att de var på väg att ge sig ut på en resa som skulle ta dem till hjärtat av stadens hemligheter, där sanningen låg gömd i skuggorna, väntande på att avslöjas.

The Shadowy Streets of Stockholm

The streets of Stockholm were cloaked in darkness, a thick fog swirling through the narrow alleys and alleyways like a silent specter. It was the kind of night that made even the most hardened of men shiver with apprehension, a night ripe with the promise of danger lurking in the shadows.

In the heart of the city, amidst the labyrinthine streets and labyrinthine alleyways, lived a man named Johan Andersson. He was a detective by trade, his days spent unraveling the mysteries that lurked beneath the surface of the city, his nights consumed by the demons that haunted his dreams.

Johan was a man of few words, his face etched with lines of weariness and his eyes clouded with the weight of countless secrets. He lived alone in a small apartment overlooking the bustling streets below, his only companion a bottle of whiskey that he kept tucked away in the bottom drawer of his desk.

On this particular night, as Johan sat alone in his apartment, the silence broken only by the ticking of the clock and the distant sound of footsteps echoing through the alleyways, he received a visit from an unexpected visitor.

It was a woman, her face hidden beneath the brim of a hat and her figure shrouded in the folds of a dark coat. She moved with a grace and elegance that belied her years, her eyes shining with a hint of mischief as she crossed the threshold into Johan's apartment.

Johan raised an eyebrow in surprise at the sight of the woman standing before him, his curiosity piqued by her unexpected arrival. "Can I help you?" he asked, his voice gruff and guarded.

The woman smiled, a wry twist of her lips that sent a shiver down Johan's spine. "I believe you can, detective," she replied, her voice low and melodic. "For you see, I have a proposition for you."

Johan narrowed his eyes, his instincts on high alert as he studied the woman before him. "And what kind of proposition would that be?" he asked, his voice tinged with suspicion.

The woman took a step forward, her eyes gleaming with determination. "I need your help to find someone," she said, her voice barely more than a whisper. "Someone who has disappeared without a trace, leaving behind only a trail of secrets and lies."

Johan's interest was piqued by the woman's words, his mind racing with the possibilities of what she might be asking of him. He knew all too well the dark underbelly of Stockholm, the secrets that lurked in its darkest corners and the dangers that lay in wait for those who dared to uncover them.

And yet, despite the risks, Johan couldn't shake the feeling that there was more to this woman's story than met the eye. There was a fire in her eyes, a determination that spoke of a hidden strength beneath the surface, and Johan found himself drawn to her like a moth to a flame.

Without a word, he rose from his seat and gestured for the woman to follow him, his mind already racing with plans and strategies for unraveling the mystery that lay before them. For Johan knew that in a city like Stockholm, where shadows lurked around every corner and danger lurked in the darkness, nothing was ever quite as it seemed.

And as they stepped out into the night, the fog swirling around them like a cloak of darkness, Johan knew that they were about to embark on a journey that would take them to the very heart of the city's secrets, where the truth lay hidden in the shadows, waiting to be uncovered.

Skuggor över Östersjön

I den kustnära staden Visby, på den pittoreska ön Gotland, viskade vindarna hemligheter och vågorna mumlade gamla berättelser. Det var en plats där tiden verkade stå stilla, där de gamla stenarna i stadsmurarna bevittnade århundraden av historia och intriger.

Bland Visbys labyrintiska gator bodde en man vid namn Henrik, en ensamgestalt med en plågad blick i ögonen och en historia insvept i mystik. Han bodde i en liten stuga i stadens utkant, dess väggar väderbitna av den salta havsbrisen och dess fönster med utsikt över den vidsträckta Östersjön.

Henrik var en man av få ord, hans dagar tillbringades i ensamhet när han vandrade längs den karga kustlinjen, hans tankar drifte som dimman som rullade in från havet. Han plågades av minnen från ett liv som lämnats bakom sig, av en förlorad kärlek och en förräderi som hade ärrat honom in i själen.

Men mitt i skuggorna som klängde sig fast vid Henrik som en mantel fanns det en glimt av hopp, en flamma av ljus som vägrade att slockna. För djupt inom hans hjärta brann nyfikhetens låga, en törst efter kunskap som drev honom att söka sanningen, oavsett kostnad.

Och så, en stormig natt, när vågorna kraschade mot den klippiga kusten och åskan mullrade i fjärran, fann sig Henrik dragen till det gamla fyrtornet som stod vakt över staden. Det var en plats av legend och saga, dess imponerande form ett hoppets ljus för sjömän vilse på havet.

När han klättrade uppför den slingrande trappan till toppen av fyrtornet, bultade Henriks hjärta i bröstet, hans sinnen levande av förväntan. För han visste att inom fyrtornets djup låg nyckeln till att låsa upp hemligheterna från sitt förflutna, svaren han hade sökt efter under en livstid.

Till sist nådde han toppen av fyrtornet, vinden sviskade genom hans hår och regnet smattrade mot de glasade fönstren. Med darrande händer sträckte han ut och grep tag i dörrens handtag, tryckte upp den med ett knarr av rostiga gångjärn.

Och där, upplyst av den fladdrande ljuset från lanternan, fann han vad han hade letat efter hela tiden.

Det var en dagbok, dess sidor gulnade av ålder och dess läderomslag slitna och nött. Henriks hjärta hoppade till när han sträckte ut handen och tog dagboken i sina händer, hans fingrar darrande av spänning när han bläddrade i sidorna.

När han läste, vidgades Henriks ögon av förvåning, för dagboken innehöll historien om en kärlek som hade överträffat tid och rum, en kärlek som hade trotsat oddsen och överlevt mot alla odds.

Det var historien om en ung kvinna vid namn Anna, en stridslysten ande med hår så gyllene som solen och ögon så blå som havet. Och det var historien om en förbjuden kärlek mellan Anna och en sjöman vid namn Lars, vars skepp hade gått förlorat i de förrädiska vattnen i Östersjön.

När Henrik läste vidare kände han en känsla av släktskap med Anna och Lars, som om deras historia på något sätt var sammanflätad med hans egen. Han kunde känna deras smärta och längtan som om det vore hans egna, deras röster ekade i hans sinne som de avlägsna ropen från havsfåglar på vinden.

Och sedan, när han nådde de sista sidorna av dagboken, nästan stannade Henriks hjärta nästan i hans bröst.

För där, skrivet i Annas eleganta handstil, var de ord han hade letat efter hela tiden.

"Min kära Henrik," stod det i dagboken, "om du läser detta, så vet att min kärlek till dig överstiger även döden själv. Även om vi kan vara åtskilda av tid och rum, är våra själar bundna samman för evigt, förenade av kärlekens band som aldrig kan brytas."

Tårar fyllde Henriks ögon när han läste Annas ord, hans hjärta överflödande av en kärlek som hade överlevt genom åldrarna. För i den stunden visste han att han hade funnit det han hade letat efter hela tiden, sanningen som hade undgått honom så länge.

Och när han stod där, ensam i fyrtornet med utsikt över det stormiga havet, kände Henrik en känsla av frid skölja över honom som den milda smekningen av en sommarbris. För han visste att oavsett vilka prövningar som låg framför honom, skulle han alltid bära Annas kärlek i sitt hjärta, ett hoppets ljus för att leda honom genom de mörkaste nätterna.

Shadows Over the Baltic

In the coastal town of Visby, on the picturesque island of Gotland, the winds whispered secrets and the waves murmured tales of old. It was a place where time seemed to stand still, where the ancient stones of the city walls bore witness to centuries of history and intrigue.

Among the labyrinthine streets of Visby lived a man named Henrik, a solitary figure with a haunted look in his eyes and a past shrouded in mystery. He dwelled in a small cottage at the edge of town, its walls weathered by the salty sea breeze and its windows overlooking the vast expanse of the Baltic Sea.

Henrik was a man of few words, his days spent in solitude as he wandered the rugged coastline, his thoughts drifting like the mist that rolled in from the sea. He was haunted by memories of a life left behind, of a love lost and a betrayal that had scarred him to the core.

But amidst the shadows that clung to Henrik like a cloak, there was a glimmer of hope, a flicker of light that refused to be extinguished. For deep within his heart burned the flame of curiosity, a thirst for knowledge that drove him to seek out the truth, no matter the cost.

And so, one stormy night, as the waves crashed against the rocky shore and the thunder rumbled in the distance, Henrik found himself drawn to the old lighthouse that stood sentinel over the town. It was a place of legend and lore, its towering form a beacon of hope for sailors lost at sea.

As he climbed the winding staircase to the top of the lighthouse, Henrik's heart pounded in his chest, his senses alive with anticipation. For he knew that within the depths of the lighthouse lay the key to unlocking the secrets of his past, the answers he had spent a lifetime searching for.

At last, he reached the summit of the lighthouse, the wind whipping through his hair and the rain pelting against the glass windows. With trembling hands, he reached out and grasped the handle of the door, pushing it open with a creak of rusty hinges.

And there, illuminated by the flickering light of the lantern, he found what he had been seeking all along.

It was a journal, its pages yellowed with age and its leather cover worn and frayed. Henrik's heart skipped a beat as he reached out and took the journal in his hands, his fingers trembling with excitement as he turned the pages.

As he read, Henrik's eyes widened in astonishment, for the journal contained the story of a love that had transcended time and space, a love that had defied the odds and endured against all odds.

It was the story of a young woman named Anna, a fierce spirit with hair as golden as the sun and eyes as blue as the sea. And it was the story of a forbidden love between Anna and a sailor named Lars, whose ship had been lost to the treacherous waters of the Baltic.

As Henrik read on, he felt a sense of kinship with Anna and Lars, as if their story were somehow intertwined with his own. He could feel their pain and their longing as if it were his own, their voices echoing in his mind like the distant call of seabirds on the wind.

And then, as he reached the final pages of the journal, Henrik's heart nearly stopped beating in his chest.

For there, written in Anna's elegant hand, were the words that he had been searching for all along.

"My dearest Henrik," the journal read, "if you are reading this, then know that my love for you transcends even death itself. Though we may be separated by time and space, our souls are bound together for all eternity, united by the bonds of love that can never be broken."

Tears welled in Henrik's eyes as he read Anna's words, his heart overflowing with a love that had endured across the ages. For in that moment, he knew that he had found what he had been searching for all along, the truth that had eluded him for so long.

And as he stood there, alone in the lighthouse overlooking the stormy sea, Henrik felt a sense of peace wash over him like the gentle caress of a summer breeze. For he knew that no matter what trials lay ahead, he would always carry Anna's love in his heart, a beacon of hope to guide him through the darkest of nights.

I den tysta staden Västerås, gömd bland böljande kullar och frodiga skogar i Sverige, bodde en ung flicka som hette Ebba. Hon var en varelse av nyfikenhet och fantasi, hennes dagar fyllda av förundran och äventyr när hon utforskade världen omkring sig med vidöppen fascination.

Ebba bodde med sina föräldrar i en mysig stuga i utkanten av staden, omgiven av fält av vildblommor och majestätiska ekträd. Från sitt sovrumsfönster kunde hon se solen gå ner över de avlägsna bergen, målande himlen i nyanser av orange och rosa när dagen gav vika för natten.

En varm sommarkväll, när Ebba satt på verandan och betraktade stjärnorna gnistra på natthimlen, hörde hon ett sus i buskarna i närheten. Nyfiken smög hon närmare, hennes hjärta bultande av spänning när hon tittade genom lövverket.

Och där, stående bland skuggorna, var en giraff.

Ebba drog efter andan av förvåning, hennes ögon vidgade sig i förundran när hon tog in synen framför sig. Giraffen stod hög och majestätisk, dess långa hals sträckte sig mot himlen när den bet på löven från ett träd i närheten.

För ett ögonblick trodde Ebba att hon måste drömma. Giraffer var inte inhemska i Sverige, och hon hade aldrig sett en utanför en bilderbok tidigare. Och ändå var den där, stående framför henne i all sin prakt.

Utan att tveka närmade sig Ebba giraffen, hennes hjärta fyllt av en känsla av vördnad och respekt. Hon sträckte ut en darrande hand och rörde vid dess mjuka päls, förundrad över värmen och texturen under sina fingertoppar.

Till sin förvåning kelade giraffen henne förtroligt med sin hand, dess ögon glittrade av intelligens och vänlighet. Den verkade förstå att Ebba inte menade den något ont, och i gengäld erbjöd den henne en gåva bortom hennes vildaste drömmar.

Med en graciös rörelse sänkte giraffen sitt huvud och erbjöd Ebba ett ensamt löv från trädet ovanför. Ebba tog emot det med ett leende, hennes hjärta svämmade över av tacksamhet.

Och sedan, lika snabbt som den hade dykt upp, vände sig giraffen och försvann in i natten, lämnande Ebba ensam kvar i månskenet, hennes sinne snurrande av frågor och möjligheter.

Nästa morgon vaknade Ebba för att finna att lövet från giraffen fortfarande låg i hennes hand, en påtaglig påminnelse om det extraordinära möte hon hade upplevt kvällen innan. Fast besluten att lösa gåtan om giraffens uppträdande, begav hon sig ut i staden för att söka svar.

Hon började med att fråga stadens invånare om de hade sett eller hört något ovanligt kvällen innan, men ingen kunde erbjuda någon förklaring till giraffens närvaro. Vissa avfärdade hennes historia som en flyktig fantasi, medan andra helt enkelt skakade på huvudet i förvirring.

Obekymrad fortsatte Ebba sin sökning, hon skannade staden efter några ledtrådar som kanske kunde leda henne till sanningen. Hon besökte det lokala biblioteket och bläddrade igenom böcker om djurliv och zoologi, i hopp om att hitta någon hänvisning till giraffer i Sverige, men förgäves. När dagarna gick över i veckor, konsumerades Ebbas besatthet av giraffen varje vaket ögonblick. Hon tillbringade timmar med att vandra på landsbygden, letande efter något tecken på det mystiska djuret, men det verkade ha försvunnit spårlöst.

Och sedan, precis när det verkade som att allt hopp var förlorat, fick Ebba en oväntad besökare vid sin dörr.

Det var en gammal man med ett väderbitet ansikte och gnistrande ögon, hans kläder slitna och trasiga från år av resor. Han presenterade sig som Gustav, en resenär från ett avlägset land, och han hade en berättelse att berätta som skulle förändra Ebbas liv för alltid.

Gustav förklarade att han hade rest till Västerås i sökandet efter giraffen som hade fångat Ebbas hjärta, för även han hade stött på varelsen under sina egna resor. Han talade om ett magiskt land där giraffer strövade fritt och vilt, en plats av oändliga slätter och oändliga himlar som verkade sträcka sig för evigt.

När han talade, kände Ebba en känsla av igenkänning röra sig djupt inom hennes själ, som om hon alltid hade vetat att en sådan plats existerade. Och i det ögonblicket visste hon att hon var tvungen att se det med egna ögon.

Med Gustav som hennes guide begav sig Ebba ut på en resa olik någon hon någonsin upplevt, resande över berg och dalar, genom skogar och fält, tills de slutligen nådde kanten av det magiska landet av giraffer.

När de gick in i landet kände Ebba en känsla av förundran skölja över henne som en tidvattenvåg, hennes sinnen överväldigade av synen och ljuden av denna främmande och vackra plats. Överallt där hon tittade fanns det giraffer i alla former och storlekar, betande fridfullt i det gyllene ljuset från den nedgående solen.

Och när de såg girafferna beta fridfullt i det gyllene ljuset från den nedgående solen, visste Ebba att hon hade funnit sitt sanna syfte i livet. För i giraffernas land hade hon upptäckt en värld av under och möjligheter, en värld där drömmar kunde gå i uppfyllelse och mirakel kunde ske, om bara man trodde.

Ebba and the Giraffe

In the quiet town of Västerås, nestled amidst the rolling hills and lush forests of Sweden, lived a young girl named Ebba. She was a creature of curiosity and imagination, her days filled with wonder and adventure as she explored the world around her with wide-eyed fascination.

Ebba lived with her parents in a cozy cottage at the edge of town, surrounded by fields of wildflowers and towering oak trees. From her bedroom window, she could see the sun setting over the distant mountains, painting the sky in shades of orange and pink as the day gave way to night.

One warm summer evening, as Ebba sat on the front porch watching the stars twinkle in the night sky, she heard a rustling in the bushes nearby. Curious, she crept closer, her heart pounding with excitement as she peered through the foliage.

And there, standing amidst the shadows, was a giraffe.

Ebba gasped in astonishment, her eyes widening in wonder as she took in the sight before her. The giraffe stood tall and majestic, its long neck reaching towards the heavens as it nibbled on the leaves of a nearby tree.

For a moment, Ebba thought she must be dreaming. Giraffes were not native to Sweden, and she had never seen one outside of a picture book before. And yet, there it was, standing before her in all its splendor.

Without hesitation, Ebba approached the giraffe, her heart filled with a sense of awe and reverence. She reached out a trembling hand and gently touched its soft fur, marveling at the warmth and texture beneath her fingertips.

To her surprise, the giraffe nuzzled her hand affectionately, its eyes shining with intelligence and kindness. It seemed to sense that Ebba meant it no harm, and in return, it offered her a gift beyond her wildest dreams.

With a graceful movement, the giraffe lowered its head and offered Ebba a single leaf from the tree above. Ebba accepted it with a smile, her heart overflowing with gratitude.

And then, as quickly as it had appeared, the giraffe turned and disappeared into the night, leaving Ebba standing alone in the moonlight, her mind swirling with questions and possibilities.

The next morning, Ebba awoke to find the leaf from the giraffe still clutched in her hand, a tangible reminder of the extraordinary encounter she had experienced the night before. Determined to unravel the mystery of the giraffe's appearance, she set out into the town in search of answers. She began by asking the townsfolk if they had seen or heard anything unusual the previous night, but none could offer any explanation for the giraffe's presence. Some dismissed her story as a flight of fancy, while others simply shook their heads in confusion.

Undeterred, Ebba continued her search, scouring the town for any clues that might lead her to the truth. She visited the local library and pored over books on wildlife and zoology, hoping to find some mention of giraffes in Sweden, but to no avail.

As the days turned into weeks, Ebba's obsession with the giraffe consumed her every waking moment. She spent hours wandering the countryside, searching for any sign of the mysterious creature, but it seemed to have vanished without a trace.

And then, just when it seemed that all hope was lost, Ebba received an unexpected visitor at her doorstep.

It was an old man with a weathered face and twinkling eyes, his clothes worn and tattered from years of travel. He introduced himself as Gustav, a traveler from a distant land, and he had a tale to tell that would change Ebba's life forever.

Gustav explained that he had traveled to Västerås in search of the giraffe that had captured Ebba's heart, for he too had encountered the creature in his own travels. He spoke of a magical land where giraffes roamed free and wild, a place of endless plains and endless skies that seemed to stretch on forever.

As he spoke, Ebba felt a sense of recognition stirring deep within her soul, as if she had always known that such a place existed. And in that moment, she knew that she had to see it for herself.

With Gustav as her guide, Ebba embarked on a journey unlike any she had ever known, traveling across mountains and valleys, through forests and fields, until at last they reached the edge of the magical land of giraffes.

As they entered the land, Ebba felt a sense of wonder wash over her like a tidal wave, her senses overwhelmed by the sights and sounds of this strange and beautiful place. Everywhere she looked, there were giraffes of every shape and size, grazing peacefully in the golden light of the setting sun.

And as they watched the giraffes graze peacefully in the golden light of the setting sun, Ebba knew that she had found her true purpose in life. For in the land of giraffes, she had discovered a world of wonder and possibility, a world where dreams could come true and miracles could happen, if only you believed.

Stockholms skuggor

I hjärtat av Stockholm, där kullerstensgatorna slingrade sig som labyrintens slingor och de gamla byggnaderna tornade upp sig som tysta väktare, bodde en kvinna som hette Elsa. Hon var en varelse av skuggor och hemligheter, hennes förflutna insvept i mystik och hennes framtid osäker.

Elsas dagar tillbringades med att vandra genom stadens smala gränder och dolda innergårdar, hennes steg ekade i de tomma utrymmena mellan byggnaderna som viskningar från spöken. Hon rörde sig med en katts grace och en rävs stealth, hennes sinnen inställda på minsta antydan till fara.

Men under Elsas svala yttre låg ett hjärta som längtade efter något mer, en längtan som hon aldrig riktigt kunde sätta ord på. Hon hade kommit till Stockholm för att söka en ny början, en chans att lämna smärtan och hjärtesorgen från sitt förflutna bakom sig och börja på nytt.

När hon vandrade genom stadens gator kunde Elsa inte hjälpa att känna en känsla av samhörighet med skuggorna som dansade runt henne. De verkade svepa in henne som en kappa, erbjuda tröst och skydd i lika mått. Men precis när det verkade som Elsa hade funnit en skymt av frid mitt i stadens kaos, ingrep ödet i form av en slumpmässig träff med en främling.

Det hände en regnig eftermiddag, när Elsa sökte skydd från stormen i ett pittoreskt litet café gömt på ett lugnt gathörn. Hon satt ensam vid ett bord vid fönstret, hennes tankar flöt som regndroppar som strömmade nerför glaset.

Och sedan, som om han var kallad av ödets hand, dök han upp. Han var lång och snygg, med ögon som färgen på det stormiga havet och ett leende som kunde smälta även det kallaste av hjärtan.

Deras ögon möttes över det fullsatta rummet, och i den stunden kände Elsa något skifta inom henne. Det var som om en dörr hade öppnats, avslöjat en glimt av ljus i mörkret som hade omfamnat henne så länge.

Han närmande sig henne med ett tveksamt leende, hans röst mjuk och varm som de första strålarna av solsken efter en lång vinternatt. "Får jag sällskap?" frågade han, hans ord sände en rysning längs Elsas ryggrad.

Hon nickade, oförmögen att vända blicken från hans hypnotiska ögon. Och när han tog plats mittemot henne kände hon en känsla av tillhörighet skölja över henne som en tidvattenvåg.

De pratade i timmar, förlorade i varandras ordrytm och musiken i deras skratt. Han delade historier om sitt liv och sina drömmar för framtiden, medan Elsa lyssnade med uppmärksamhet, hennes hjärta öppnade sig för kärlekens möjlighet igen.

Men precis när Elsa började våga hoppas att hon hade funnit lycka till sist, ingrep ödet en gång till på det grymmaste av sätt.

Det hände en ödesdiger natt, när Elsa gick ensam genom stadens öde gator. Hon hade skilts från främlingen, hans kärleksfulla ord fortfarande ekande i hennes öron, när hon hörde fotsteg bakom sig, som snabbade på takten för varje ögonblick som passerade.

Innan hon kunde reagera, räckte en hand ut ur mörkret och grep henne grovt i armen, drog henne in i skuggorna med en styrka som tog hennes andetag. Elsa kämpade mot sin angripare, hennes hjärta bultande i hennes bröst när hon kämpade för att komma loss.

Men hennes ansträngningar var förgäves, för mannen som höll henne fången var stark och beslutsam, hans grepp obevekligt när han drog henne djupare in i mörkret.

Och sedan, precis när det verkade som att allt hopp var förlorat, skar en röst genom tystnaden som en kniv, frös Elsas blod i hennes ådror.

"Släpp henne!"

Det var han, främlingen från caféet, hans ögon brinnande av vrede när han konfronterade Elsas angripare. Med en styrka född av desperation kastade han sig framåt och brottade ner hennes angripare till marken, hans knytnävar flygande som ilska från en storm.

I det kaos som följde lyckades Elsa bryta sig loss från sin fångares grepp och fly in i natten, hennes hjärta bultande i bröstet när hon sprang som om hennes liv berodde på det.

När hon till sist nådde sin lägenhetens säkerhet, kollapsade Elsa på golvet, hennes kropp skakande av rädsla och adrenalin.

När hon låg där, ensam i mörkret, kunde Elsa inte låta bli att undra vad som hade fört främlingen in i hennes liv, och om deras slumpmässiga möte hade varit inget mer än en grym twist av ödet.

Men när den första gryningens ljus sipprade genom fönstret, upplysande skuggorna som dansade över väggarna, visste Elsa en sak för säker: hon skulle aldrig glömma främlingen som hade kommit till hennes räddning i hennes mörkaste timme, eller det hoppets gnista som han hade tänd i hennes hjärta. Och även om hon kanske aldrig skulle veta hans namn eller de hemligheter som låg gömda bakom hans stormiga ögon, skulle hon alltid vara tacksam för det ljus som han hade fört in i hennes liv, även om det bara var för en flyktig stund i tiden.

Stockholm Shadows

In the heart of Stockholm, where the cobbled streets wind like the tendrils of a labyrinth and the ancient buildings loom like silent sentinels, there lived a woman named Elsa. She was a creature of shadows and secrets, her past shrouded in mystery and her future uncertain.

Elsa's days were spent wandering the narrow alleys and hidden courtyards of the city, her footsteps echoing in the empty spaces between the buildings like the whispers of ghosts. She moved with the grace of a cat and the stealth of a fox, her senses attuned to the slightest hint of danger.

But beneath Elsa's cool exterior lay a heart that yearned for something more, a longing that she could never quite put into words. She had come to Stockholm in search of a new beginning, a chance to leave behind the pain and heartache of her past and start afresh.

As she wandered the streets of the city, Elsa couldn't help but feel a sense of kinship with the shadows that danced around her. They seemed to envelop her like a cloak, offering solace and protection in equal measure. But just when it seemed that Elsa had found a semblance of peace amidst the chaos of the city, fate intervened in the form of a chance encounter with a stranger.

It happened one rainy afternoon, as Elsa sought shelter from the storm in a quaint little café tucked away on a quiet street corner. She sat alone at a table by the window, her thoughts drifting like the raindrops streaking down the glass.

And then, as if summoned by the hand of destiny, he appeared. He was tall and handsome, with eyes the color of the stormy sea and a smile that could melt even the coldest of hearts.

Their eyes met across the crowded room, and in that instant, Elsa felt something shift inside her. It was as if a door had been opened, revealing a glimmer of light in the darkness that had enveloped her for so long.

He approached her with a tentative smile, his voice soft and warm like the first rays of sunshine after a long winter's night. "May I join you?" he asked, his words sending a shiver down Elsa's spine.

She nodded, unable to tear her gaze away from his mesmerizing eyes. And as he took a seat opposite her, she felt a sense of belonging wash over her like a tidal wave.

They talked for hours, lost in the rhythm of each other's words and the music of their laughter. He shared stories of his life and his dreams for the future, while Elsa listened with rapt attention, her heart opening up to the possibility of love once more.

But just as Elsa began to dare to hope that she had found happiness at last, fate intervened once more in the cruelest of ways.

It happened one fateful night, as Elsa walked alone through the deserted streets of the city. She had parted ways with the stranger, his words of love still echoing in her ears, when she heard footsteps behind her, quickening in pace with each passing moment.

Before she could react, a hand reached out of the darkness and grabbed her roughly by the arm, pulling her into the shadows with a strength that took her breath away. Elsa struggled against her assailant, her heart pounding in her chest as she fought to break free.

But her efforts were in vain, for the man who held her captive was strong and determined, his grip unyielding as he dragged her deeper into the darkness.

And then, just when it seemed that all hope was lost, a voice cut through the silence like a knife, freezing Elsa's blood in her veins.

"Let her go!"

It was him, the stranger from the café, his eyes blazing with fury as he confronted Elsa's attacker. With a strength born of desperation, he lunged forward and wrestled her assailant to the ground, his fists flying like the fury of a storm.

In the chaos that ensued, Elsa managed to break free from her captor's grasp and flee into the night, her heart pounding in her chest as she ran as if her life depended on it.

When she finally reached the safety of her apartment, Elsa collapsed onto the floor, her body shaking with fear and adrenaline.

As she lay there, alone in the darkness, Elsa couldn't help but wonder what had brought the stranger into her life, and whether their chance encounter had been nothing more than a cruel twist of fate.

But as the first light of dawn crept through the window, illuminating the shadows that danced across the walls, Elsa knew one thing for certain: she would never forget the stranger who had come to her rescue in her darkest hour, nor the spark of hope that he had ignited in her heart. And though she may never know his name or the secrets that lay hidden behind his stormy eyes, she would always be grateful for the light that he had brought into her life, even if only for a fleeting moment in time.

Stockholmsprotokollet

I hjärtat av Stockholm, där den släta moderniteten av glas- och ståltorn kontrasterade skarpt mot den historiska charmen av kullerstensgator och gammal arkitektur, flödade en underton av intriger som en tyst flod. Det var en stad av hemligheter, där makt och inflytande dansade en känslig tango bland skuggorna.

I centrum av detta labyrintiska nät av intriger stod Stockholmsprotokollet, en hemlig underrättelsebyrå känd endast av ett fåtal utvalda. Dess agenter rörde sig genom staden som spöken, deras identiteter gömda bakom lager av svek och bedrägeri när de arbetade outtröttligt för att skydda nationens säkerhet.

Bland dessa agenter fanns Erik Dahl, en erfaren agent med en stålfast beslutsamhet och en skarp sinne slipad av års tjänst till sitt land. Lång och smal, med genomträngande blå ögon som verkade missa ingenting, var han en kraft att räkna med i den hemliga operationsvärlden.

Just den här kvällen, när staden skimrade under neonljusens glöd och livspulsen vibrerade genom dess gator, befann sig Erik indragen i ett höginsatsspel av katt och mus. Underrättelserapporter hade indikerat att en ökänd vapenhandlare känd endast som "Kobran" planerade att sälja en laddning stulna vapen till den högsta budgivaren, och det var upp till Erik och hans team att sätta stopp för hans onda planer.

När han rörde sig genom Stockholms trånga gator, hans sinnen vaksamma för något tecken på fara, kunde inte Erik skaka av sig känslan att något var fel. Luften sprakade av spänning, och han kunde känna osynliga motståndares ögon som iakttagit hans varje rörelse.

Med rutinmässig lätthet smög sig Erik in i skuggorna, hans rörelser tysta och snabba när han närmade sig mötesplatsen. Han visste att tiden var av yttersta vikt, och att misslyckande inte var ett alternativ.

När han närmade sig den utsedda platsen, ett förfallet lager på stadens utkanter, berättade Eriks instinkter för honom att han gick rakt in i en fälla. Men han hade ett jobb att göra, och han skulle se det genom till slutet, oavsett kostnaden.

Med vapen i hand och nerver av stål bröt Erik och hans team genom lagerdörrarna, redo att konfrontera Kobran och sätta stopp för hans terrorregim en gång för alla. Men vad de fann där inne var inte vad de hade förväntat sig.

Istället för Kobran och hans band av legosoldater var lagret tomt förutom en enda gestalt som stod i rummets mitt. Han var lång och imponerande, med ett ärr som gick längs med ansiktet som en krokig blixt.

"Välkommen, Agent Dahl," sa mannen, hans röst låg och grusig. "Jag har väntat på dig."

Erik spändes, hans grepp om vapnet stramade sig när han studerade mannen framför sig. "Vem är du?" krävde han, hans röst kall och bestämd.

Mannen log, en grym vridning av läpparna som skickade en kyla nerför Eriks ryggrad. "De kallar mig Vipern," svarade han, hans ögon glittrade av ondska. "Och jag är rädd att du har snubblat in i min fälla."

Innan Erik kunde reagera, kastade Vipern sig fram med blixtens hastighet, hans rörelser flytande och dödliga. En häftig strid bröt ut när Erik och hans team slogs med näbbar och klor mot Vipern och hans hejdukar, deras vapen blinkande i det svaga ljuset från lagret.

Men Vipern var en formidabel motståndare, hans färdigheter matchade bara av hans grymhet. För varje ögonblick som passerade kände Erik oddsen stapla sig mot honom, hans hjärta bultande i bröstet när han kämpade för att behålla övertaget.

Precis när det verkade som att allt hopp var förlorat, anlände förstärkningar i form av en trupp av Stockholmsprotokollets agenter, deras ankomst heralded av ljudet av skottlossning och motorernas dån utanför.

Med förnyad beslutsamhet tryckte Erik och hans team framåt, deras rörelser koordinerade och precisa när de kämpade för att övermanna Vipern och föra honom inför rättvisan. Och efter vad som kändes som en evighet kom de segrande fram, deras uppdrag utfört till sist.

När Erik stod mitt i vraket av lagret, hans andetag kommande i flämtande gaspar och hans muskler värkande från stridens ansträngningar, visste han att kampen var långt ifrån över. Stockholms skuggor höll många fler hemligheter, och han skulle fortsätta att kämpa för sitt land, oavsett kostnaden.

Med en stålfast blick och en känsla av syfte brinnande i sitt hjärta, vände Erik Dahl ryggen mot lagrets mörker och steg ut i Stockholms neonupplysta gator en gång till, redo att möta vilka utmaningar som än låg framför honom. För i spionvärlden fanns inga garantier, bara den oföränderliga viljan att skydda och försvara, oavsett oddsen.

Stockholm Protocol

In the heart of Stockholm, where the sleek modernity of glass and steel towers contrasted sharply with the historic charm of cobblestone streets and ancient architecture, an undercurrent of intrigue flowed like a silent river. It was a city of secrets, where power and influence danced a delicate tango amidst the shadows.

At the center of this labyrinthine web of intrigue stood the Stockholm Protocol, a covert intelligence agency known only to a select few. Its operatives moved through the city like ghosts, their identities hidden behind layers of subterfuge and deception as they worked tirelessly to safeguard the nation's security.

Among these operatives was Erik Dahl, a seasoned agent with a steely resolve and a keen mind honed by years of service to his country. Tall and lean, with piercing blue eyes that seemed to miss nothing, he was a force to be reckoned with in the world of clandestine operations.

On this particular evening, as the city shimmered under the glow of neon lights and the pulse of life thrummed through its streets, Erik found himself embroiled in a high-stakes game of cat and mouse. Intelligence reports had indicated that a notorious arms dealer known only as "The Cobra" was planning to sell a cache of stolen weapons to the highest bidder, and it was up to Erik and his team to put an end to his nefarious schemes.

As he moved through the crowded streets of Stockholm, his senses alert for any sign of danger, Erik couldn't shake the feeling that something was amiss. The air crackled with tension, and he could sense the eyes of unseen adversaries watching his every move.

With practiced ease, Erik slipped into the shadows, his movements silent and swift as he made his way towards the rendezvous point. He knew that time was of the essence, and that failure was not an option.

As he approached the designated location, a derelict warehouse on the outskirts of the city, Erik's instincts told him that he was walking into a trap. But he had a job to do, and he would see it through to the end, no matter the cost.

With weapons drawn and nerves of steel, Erik and his team burst through the warehouse doors, ready to confront The Cobra and put an end to his reign of terror once and for all. But what they found inside was not what they had expected.

Instead of The Cobra and his band of mercenaries, the warehouse was empty save for a single figure standing in the center of the room. He was tall and imposing, with a scar that ran down the length of his face like a jagged lightning bolt.

"Welcome, Agent Dahl," the man said, his voice low and gravelly. "I've been expecting you."

Erik tensed, his grip tightening on his weapon as he studied the man before him. "Who are you?" he demanded, his voice cold and commanding.

The man smiled, a cruel twist of his lips that sent a chill down Erik's spine. "They call me The Viper," he replied, his eyes glittering with malice. "And I'm afraid you've stumbled into my trap."

Before Erik could react, The Viper lunged forward with lightning speed, his movements fluid and deadly. A fierce battle erupted as Erik and his team fought tooth and nail against The Viper and his henchmen, their weapons flashing in the dim light of the warehouse.

But The Viper was a formidable opponent, his skills matched only by his ruthlessness. With each passing moment, Erik felt the odds stacking against him, his heart pounding in his chest as he fought to keep the upper hand.

Just when it seemed that all hope was lost, reinforcements arrived in the form of a squad of Stockholm Protocol agents, their arrival heralded by the sound of gunfire and the roar of engines outside.

With renewed determination, Erik and his team pressed forward, their movements coordinated and precise as they fought to overpower The Viper and bring him to justice. And after what felt like an eternity, they emerged victorious, their mission accomplished at last.

As Erik stood amidst the wreckage of the warehouse, his breath coming in ragged gasps and his muscles aching from the exertion of battle, he knew that the fight was far from over. The shadows of Stockholm held many more secrets, and he would continue to fight for his country, no matter the cost.

With a steely gaze and a sense of purpose burning in his heart, Erik Dahl turned his back on the darkness of the warehouse and stepped out into the neon-lit streets of Stockholm once more, ready to face whatever challenges lay ahead. For in the world of espionage, there were no guarantees, only the unwavering resolve to protect and defend, no matter the odds.

Ekon från Lund

I den pittoreska staden Lund, gömd bland de böljande kullarna och grönskande ängarna i södra Sverige, vecklar livet ut sig som en tapet vävd av tidens trådar. Här, där de gamla gatorna är kantade av kullerstenar slätade av århundraden av fotsteg, och luften är doftande av blommande syrener och nybakat bröd, finns historier i överflöd som viskar på vinden. I Lunds hjärta ligger en pittoresk bokhandel, dess väderbitna fasad prydd med murgröna och dess fönster fyllda av löften om litterära skatter som väntar på att upptäckas. Det är här vår historia börjar, en ljum sommareftermiddag, med solen som kastar fläckiga skuggor på kullerstenarna utanför.

Inne i bokhandeln, bland hyllor fyllda med läderbundna band och bord prydda med högar av hundöronsmärkta pocketböcker, satt en ung kvinna vid namn Ingrid. Med sitt vilda lockiga hår som kaskaderade ner längs ryggen och hennes ögon som lyste av nyfikenhet, var hon en bekant närvaro i affären, känd för sin kärlek till historier och hennes outtömliga törst efter kunskap.

Just den här eftermiddagen kände sig Ingrid dragen till en dammig gammal volym gömd i det bakre hörnet av affären. Dess omslag var blekt och slitet, dess sidor gulnade av ålder, men det var något med den som lockade henne, som om den höll nyckeln till att låsa upp universums hemligheter.

När hon sträckte ut handen för att röra vid boken bröt en röst tystnaden i affären. "Åh, jag ser att du har hittat min gamla vän," sa en röst bakom henne.

Skrämd vände sig Ingrid om och fann en äldre man med gnistrande ögon och ett vänligt leende framför sig. Han var ägaren till bokhandeln, känd för stadens invånare som Gamle Henrik, och han hade rykte om sig att vara något av en vishetens man när det kom till litteratur och livet.

Ingrid log tillbaka mot honom, hennes nyfikenhet väckt. "Din gamla vän?" frågade hon, hennes röst färgad av intriger.

Gamle Henrik nickade, hans ögon skrynklade vid ögonvrån. "Ja, precis. Den boken har varit i min familj i generationer. Det sägs innehålla berättelser om Lunds förflutna, berättelser om kärlek och förlust, triumfer och tragedier. Men varning, min kära, för när du väl öppnar dess sidor finns det ingen säkerhet för vart berättelserna kommer att ta dig."

Ingrids hjärta klappade av upphetsning när hon lyssnade till Gamle Henriks ord. Hon hade alltid lockats av historier från det förflutna, av ekot av liv som levts för länge sedan som dröjde kvar i luften som den svaga doften av rosor i blom.

Utan tvekan sträckte hon ut och tog boken i sina händer, kände dess vikt och tyngd som om det vore en dyrbar skatt. Och sedan, med en känsla av förväntan rusande genom hennes vener, öppnade hon dess sidor och började läsa.

När hon läste fann Ingrid sig själv transporterad till en Lund hon aldrig hade känt till, en Lund från århundraden sedan där riddare vandrade på gatorna och trubadurer sjöng sånger om kärlek och tapperhet. Hon följde äventyren hos en ung jungfru vid namn Astrid när hon färdades genom staden på jakt efter sin sanna kärlek, en tapper riddare som hade kallats till strid i ett avlägset land.

Med varje bladning fördjupade sig Ingrid djupare in i historien, hennes fantasi i lågor med bilder av riddarkultur och romantik. Hon gick sida vid sida med Astrid när hon korsade Lunds slingrande gator och klättrade upp till dess gamla katedral, hennes hjärta bultande av spänning när hon väntade på att hennes riddare skulle återvända.

Men när historien utvecklades började Ingrid att känna en mörker lurande under ytan, en skugga som hotade att uppsluka Astrids värld i förtvivlan. Hon läste om strider som utkämpades och liv som gick förlorade, om svek och offer som testade gränserna för kärlek och lojalitet.

Och sedan, precis när hon nådde klimaxet i historien, kände Ingrid en märklig känsla skölja över henne, som om hon blev dragen tillbaka till nutiden mot sin vilja. Hon blinkade förvirrat, orden på sidan suddiga framför hennes ögon när verkligheten kom tillbaka som en våg mot stranden.

När hon tittade upp fann hon sig själv tillbaka i bokhandeln, eftermiddagssolen strålande genom fönstren och ljudet av fågelsång fyllde luften. Gamle Henrik stod framför henne, ett kunnande leende lekande runt läpparna.

"Tyckte du om historien, min kära?" frågade han, hans röst mjuk och vänlig.

Ingrid nickade, hennes hjärta fortfarande rusande från resan hon just hade tagit. "Den var... otrolig," svarade hon, hennes ord knappt mer än en viskning.

Gamle Henrik skrattade mjukt, hans ögon gnistrande av nöje. "Åh, Lund har alltid varit en stad fylld av historia och mysterium. Men kom ihåg, min kära, historierna från det förflutna är inte bara sagor att läsas, utan lektioner att läras. De påminner oss om vem vi är och var vi kommer ifrån, och de vägleder oss på vår resa genom livet."

Med en känsla av förundran och tacksamhet som rusade genom hennes vener, stängde Ingrid boken och återvände den till dess rätta plats på hyllan. Och när hon gick ut på Lunds gator en gång till visste hon att hon skulle bära eko av dess historier med sig vart hon än gick, en påminnelse om den magi som dolde sig under ytan av världen.

Echoes of Lund

In the picturesque town of Lund, nestled amidst the rolling hills and verdant meadows of southern Sweden, life unfolds like a tapestry woven from the threads of time. Here, where the ancient streets are lined with cobblestones worn smooth by centuries of footsteps, and the air is redolent with the scent of blooming lilacs and freshly baked bread, stories abound like whispers on the wind.

At the heart of Lund lies a quaint bookstore, its weathered facade adorned with ivy and its windows filled with the promise of literary treasures waiting to be discovered. It is here that our story begins, on a balmy summer afternoon, with the sun casting dappled shadows on the cobblestones outside.

Inside the bookstore, amidst shelves stacked high with leather-bound tomes and tables adorned with piles of dog-eared paperbacks, sat a young woman named Ingrid. With her wild curls cascading down her back and her eyes alight with curiosity, she was a familiar presence in the shop, known for her love of stories and her insatiable thirst for knowledge.

On this particular afternoon, Ingrid found herself drawn to a dusty old volume nestled in the back corner of the store. Its cover was faded and worn, its pages yellowed with age, but there was something about it that called out to her, as if it held the key to unlocking the secrets of the universe.

As she reached out to touch the book, a voice broke through the silence of the shop. "Ah, I see you've found my old friend," said a voice from behind her.

Startled, Ingrid turned to find an elderly man with twinkling eyes and a kind smile standing before her. He was the proprietor of the bookstore, known to the townsfolk as Old Man Henrik, and he had a reputation for being something of a sage when it came to matters of literature and life.

Ingrid smiled back at him, her curiosity piqued. "Your old friend?" she asked, her voice tinged with intrigue.

Old Man Henrik nodded, his eyes crinkling at the corners. "Yes, indeed. That book has been in my family for generations. It's said to contain stories of Lund's past, tales of love and loss, triumph and tragedy. But be warned, my dear, for once you open its pages, there's no telling where the stories will take you."

Ingrid's heart raced with excitement as she listened to Old Man Henrik's words. She had always been drawn to stories of the past, to the echoes of lives lived long ago that lingered in the air like the faint scent of roses in bloom.

Without hesitation, she reached out and took the book in her hands, feeling its weight and heft as if it were a precious treasure. And then, with a sense of anticipation coursing through her veins, she opened its pages and began to read.

As she read, Ingrid found herself transported back in time to a Lund she had never known, a Lund of centuries past where knights roamed the streets and troubadours sang songs of love and valor. She followed the adventures of a young maiden named Astrid as she journeyed through the town in search of her true love, a gallant knight who had been called to battle in a distant land.

With each turn of the page, Ingrid felt herself drawn deeper into the story, her imagination ablaze with images of chivalry and romance. She walked alongside Astrid as she traversed Lund's winding streets and climbed to the top of its ancient cathedral, her heart pounding with excitement as she waited for her knight to return.

But as the story unfolded, Ingrid began to sense a darkness lurking beneath the surface, a shadow that threatened to engulf Astrid's world in despair. She read of battles fought and lives lost, of betrayals and sacrifices that tested the limits of love and loyalty.

And then, just as she reached the climax of the story, Ingrid felt a strange sensation wash over her, as if she were being pulled back into the present against her will. She blinked in confusion, the words on the page blurring before her eyes as reality came crashing back in like a wave upon the shore.

When she looked up, she found herself back in the bookstore, the afternoon sun streaming through the windows and the sound of birdsong filling the air. Old Man Henrik stood before her, a knowing smile playing at the corners of his lips.

"Did you enjoy the story, my dear?" he asked, his voice soft and gentle.

Ingrid nodded, her heart still racing from the journey she had just taken.

"It was... incredible," she replied, her words barely more than a whisper.

Old Man Henrik chuckled softly, his eyes twinkling with amusement. "Ah, Lund has always been a town steeped in history and mystery. But remember, my dear, the stories of the past are not just tales to be read, but lessons to be learned. They remind us of who we are and where we come from, and they guide us on our journey through life."

With a sense of wonder and gratitude coursing through her veins, Ingrid closed the book and returned it to its rightful place on the shelf. And as she stepped out into the streets of Lund once more, she knew that she would carry the echoes of its stories with her wherever she went, a reminder of the magic that lay hidden beneath the surface of the world.

Gustavs Missäventyr med det Magiska Paraplyet

I Stockholms hjärta, där de färgglada husen står längs de kullerstensbelagda gatorna och luften är fylld av doften från nybakade kanelbullar, bodde en ung pojke vid namn Gustav. Gustav var ett nyfiket barn med en tofs av oroligt hår och en förkärlek för bus. Han bodde med sina föräldrar i en mysig lägenhet med utsikt över de livliga gatorna nedanför.

En regnig eftermiddag, när Gustav tittade ut genom sitt fönster, märkte han något ovanligt som fladdrade genom luften. Det var ett paraply, skimrande med en iriserande glöd när det dansade på vinden. Gustavs ögon vidgades av förundran när han såg paraplyet snurra och virvla, trotsa gravitationens lagar med varje graciöst rörelse.

Utan en tvekans tanke sprang Gustav ut från sin lägenhet och ner på gatan nedanför, fast besluten att fånga det magiska paraplyet innan det flög iväg. Han jagade efter det med all den energi och entusiasm som en valp som jagar sin svans, rusa genom folkskaror och undvika vattenpölar när han gick.

Till slut, efter vad som kändes som en evighet, lyckades Gustav få tag i paraplyet precis när det höll på att sväva utom räckhåll. Han höll det triumferande högt, bröstet svällt av stolthet när han beundrade sitt byte. Men när han undersökte paraplyet närmare insåg han att det inte var något vanligt paraply alls.

Tyget var vävt av trådar av rent silver, och handtaget var skuret ur en enda bit elfenben. Det var det mest utsökta paraplyet Gustav någonsin hade sett, och han kunde inte låta bli att undra var det kom ifrån och varför det hade valt just honom.

Innan han hade chansen att grubbla vidare över mysteriet hörde Gustav en röst bakom sig. Han vände sig om och fann en gammal kvinna med gnistrande ögon och ett busigt leende framför sig.

"Åh, jag ser att du har hittat mitt paraply," sa hon, hennes röst som klangen från klockor på vinden.

Gustav blinkade förvånat. "Ditt paraply?" frågade han, hans panna rynkades i förvirring.

Den gamla kvinnan nickade, hennes leende vidgades. "Ja, visst. Du ser, det paraplyet har gått i min familj i generationer. Det besitter magiska krafter bortom din vildaste fantasi."

Gustavs ögon vidgades av upphetsning. "Magiska krafter?" utbrast han, hans röst fylld av förundran.

Den gamla kvinnan nickade. "Ja, precis. Med det paraplyet i din ägo kommer du att kunna resa till avlägsna länder och ge dig ut på de mest extraordinära äventyr. Men varna dig, unga Gustav, för magi kommer med sin egen uppsättning utmaningar och faror. Är du redo att möta dem?"

Gustavs hjärta slog av upphetsning när han övervägde den gamla kvinnans ord. Han hade alltid drömt om att gå på äventyr och utforska världen utanför Stockholms gränser. Och nu verkade det som att hans drömmar skulle gå i uppfyllelse.

Utan tvekan nickade Gustav ivrigt. "Ja, jag är redo!" förklarade han, hans röst fylld av beslutsamhet.

Den gamla kvinnan skrattade mjukt, hennes ögon gnistrande av förnöjsamhet. "Mycket bra, då. Ta paraplyet och håll dig fast. Det mest fantastiska äventyret väntar!"

Med en viftning av hennes handled försvann den gamla kvinnan i luften, och lämnade Gustav ensam stående på den regnvåta gatan med det magiska paraplyet hårt klämt i handen. Spänning bubblade upp inom honom som en brusande läsk när han vecklade ut paraplyet och höll det över sitt huvud.

Och sedan, med en vindpust och en blixt av ljus, kände Gustav hur han lyftes upp från marken och bars upp i himlen. Han svävade högt över Stockholms takåsar, staden bredde ut sig under honom som en lapptäcke av färger och former.

Gustav skrattade av ren glädje när han flög genom luften, vinden vispande genom hans hår och regndropparna kittlande på hans kinder. Han kände sig lätt som en fjäder och fri som en fågel, med inget annat än den öppna himlen som sträckte sig framför honom.

I timmar flög Gustav genom himlen, utforskande staden från en perspektiv han aldrig sett tidigare. Han förundrades över skönheten i Stockholms landmärken, från det majestätiska Kungliga slottet till de gnistrande vattnen i Mälaren. Han flög över frodiga gröna parker och livliga marknadsplatser, vinkande till folket nedan när han passerade.

Men när solen började sjunka under horisonten och himlen färgades i nyanser av rosa och guld insåg Gustav att hans äventyr långt ifrån var över. Med en känsla av spänning och förväntan bestämde han sig för att ge sig ut över gränserna för Stockholm och utforska världen bortom.

Med en bestämd min på sitt ansikte riktade Gustav sin blick mot horisonten och flög ut i det okända, hans magiska paraply bar honom mot nästa kapitel av hans extraordinära äventyr. Och när han försvann in i solnedgången kunde Stockholms folk bara se på med förundran och undran, medvetna om att de hade bevittnat något verkligt magiskt utvecklas framför deras ögon.

The Misadventures of Gustav and the Magical Umbrella

In the heart of Stockholm, where the colorful houses line the cobblestone streets and the air is filled with the scent of freshly baked cinnamon buns, there lived a young boy named Gustav. Gustav was a curious child with a mop of unruly hair and a penchant for getting into mischief. He lived with his parents in a cozy apartment overlooking the bustling streets below.

One rainy afternoon, as Gustav peered out of his window, he noticed something unusual drifting through the air. It was an umbrella, shimmering with an iridescent glow as it danced on the breeze. Gustav's eyes widened with wonder as he watched the umbrella twirl and spin, defying the laws of gravity with each graceful movement.

Without a moment's hesitation, Gustav dashed out of his apartment and onto the street below, determined to catch the magical umbrella before it floated away. He chased after it with all the energy and enthusiasm of a puppy chasing its tail, darting through crowds of pedestrians and dodging puddles as he went.

Finally, after what felt like an eternity, Gustav managed to snag the umbrella just as it was about to float out of reach. He held it aloft triumphantly, his chest swelling with pride as he admired his prize. But as he examined the umbrella more closely, he realized that it was no ordinary umbrella at all.

The fabric was woven from threads of pure silver, and the handle was carved from a single piece of ivory. It was the most exquisite umbrella Gustav had ever seen, and he couldn't help but wonder where it had come from and why it had chosen him.

Before he had a chance to ponder the mystery any further, Gustav heard a voice behind him. He turned to find an old woman with twinkling eyes and a mischievous smile standing before him.

"Ah, I see you've found my umbrella," she said, her voice like the tinkling of bells on the breeze.

Gustav blinked in surprise. "Your umbrella?" he asked, his brow furrowing in confusion.

The old woman nodded, her smile widening. "Yes, indeed. You see, that umbrella has been passed down through my family for generations. It possesses magical powers beyond your wildest imagination."

Gustav's eyes widened with excitement. "Magical powers?" he exclaimed, his voice filled with wonder.

The old woman nodded. "Yes, indeed. With that umbrella in your possession, you'll be able to travel to far-off lands and embark on the most extraordinary adventures. But be warned, young Gustav, for magic comes with its own set of challenges and dangers. Are you prepared to face them?"

Gustav's heart raced with excitement as he considered the old woman's words. He had always dreamed of going on adventures and exploring the world beyond the borders of Stockholm. And now, it seemed that his dreams were about to come true.

Without hesitation, Gustav nodded eagerly. "Yes, I'm ready!" he declared, his voice filled with determination.

The old woman chuckled softly, her eyes twinkling with amusement. "Very well, then. Take the umbrella and hold on tight. The adventure of a lifetime awaits!"

With a flick of her wrist, the old woman vanished into thin air, leaving Gustav standing alone on the rain-soaked street with the magical umbrella clutched tightly in his hand. Excitement bubbled up inside him like a fizzy soda as he unfurled the umbrella and held it above his head.

And then, with a whoosh of wind and a flash of light, Gustav felt himself being lifted off the ground and carried into the sky. He soared high above the rooftops of Stockholm, the city spreading out beneath him like a patchwork quilt of colors and shapes.

Gustav laughed with pure joy as he flew through the air, the wind whipping through his hair and the raindrops tickling his cheeks. He felt as light as a feather and as free as a bird, with nothing but the open sky stretching out before him.

For hours, Gustav flew through the sky, exploring the city from a perspective he had never seen before. He marveled at the beauty of Stockholm's landmarks, from the majestic Royal Palace to the sparkling waters of Lake Mälaren. He flew over lush green parks and bustling marketplaces, waving to the people below as he passed.

But as the sun began to dip below the horizon and the sky turned shades of pink and gold, Gustav realized that his adventure was far from over. With a sense of excitement and anticipation, he decided to venture beyond the borders of Stockholm and explore the world beyond.

With a determined expression on his face, Gustav set his sights on the horizon and soared into the unknown, his magical umbrella carrying him towards the next chapter of his extraordinary adventure. And as he disappeared into the sunset, the people of Stockholm could only watch in awe and wonder, knowing that they had witnessed something truly magical unfold before their very eyes.

Viskningar i natten

I Stockholms hjärta, där de gamla spirorna på kyrkor sträcker sig mot himlen och kullerstensgatorna ekar av viskningar från århundraden som gått, ligger en stad full av liv och intriger. Det är en stad av kontraster, där det kungliga slottets prakt står i skarp kontrast till arbetarklassens blygsamma boningar, och där de smala gränderna i gamla stan är ett labyrint av hemligheter som väntar på att avslöjas.

I stadens utkant, där vattnet från Mälaren möter den vidsträckta storstaden, står en storslagen herrgård skuggad av mörker. Det är en plats av mysterier och intriger, dess höga murar täckta av murgröna och dess fönster fördolda av tunga draperier. I århundraden har herrgården stått som en tyst vaktpost, vaktande sina hemligheter med den vildhet som en drake vaktar sitt skatt.

Inuti herrgården, bland fladdrande ljus från ljus och den dammiga doften av gamla böcker, bodde en man vid namn Erik. Lång och mager, med ögon lika mörka som skuggorna som dansade över väggarna, var han en figur innesluten i mysterium. Rykten virvlade runt honom som en kappa, viskningar om mörka gärningar och förbjuden kunskap som hade gett honom smeknamnet "Mörkrets herre i Stockholm."

Men Erik brydde sig föga om skvallret som omgav honom, för han var en man besatt av sina egna demoner. I åratal hade han sökt förgäves efter svar på frågor som plågade honom varje vakande stund, frågor som hade drivit honom till gränsen av vansinne. Men trots sina bästa ansträngningar förblev sanningen ontillgänglig, en lockande hägring som dansade precis utanför räckhåll.

När solen sjönk under horisonten och staden badades i den mjuka skymningens glöd, satt Erik ensam i sitt bibliotek, fördjupad i gamla skrifter i sökandet efter den kunskap han så desperat sökte. Elden sprakade i spisen, kastande kusliga skuggor på väggarna och skickande rökslingor som kröp mot taket.

Utanför var Stockholms gator fyllda av festligheter, när stadens invånare firade sommarens ankomst. Men inom herrgårdens murar var allt tyst utom Eriks kviskande fjäderpenna mot pergament och hans mjuka röst när han reciterade besvärjelser som världen sedan länge glömt.

Timmarna passerade och midnatt närmade sig, Eriks ansträngningar belönades till sist. Med ett triumferande skrik stötte han på det svar han sökt efter, en uppenbarelse så djupgående att det skickade kalla kårar längs hans ryggrad. För i den stunden visste han att han höll i sin hand nyckeln till att låsa upp universums mysterier, en kraft som hade potentialen att omforma själva världen.

Med skakande händer samlade Erik sina tillhörigheter och begav sig ut i natten, hans hjärta bultande av förväntan. Han rörde sig genom Stockholms gator som ett spöke, hans kappa fladdrade bakom honom när han tog sig mot stadens hjärta.

Hans destination var en gömd kammare djupt under Gamla Stans gator, en plats av makt och uråldrig kunskap som få vågade beträda. När han steg ner i mörkret kände Erik en känsla av upphetsning som flödade genom hans ådror, en känsla av öde uppfyllt som drev honom ännu längre framåt.

Till sist nådde han kammaren, dess väggar prydda med symboler och sigill som glödde med ett överjordiskt ljus. Med en känsla av vördnad närmade sig Erik altaret i rummets mitt, där ett ensamt ljus brann som en fyr i mörkret.

Med vana händer placerade han den uråldriga skriften på altaret och började recitera besvärjelsen som skulle låsa upp dess hemligheter. Orden ekade genom kammaren som dödsklockans klang, fyllande luften med en känsla av förebådan som skickade kalla kårar längs Eriks ryggrad.

Och sedan, i ett bländande ljussken, fylldes kammaren av en närvaro så kraftfull att det verkade att uppsluka allt i dess väg. Erik kände en våg av energi strömma genom sin kropp, lyfta honom och bära honom mot himlen som ett löv som fångats i en storm.

Ett ögonblick svävade han på gränsen till förintelse, svävande mellan liv och död, verklighet och illusion. Och sedan, med ett dånande dån, kollapsade kammaren i sig själv, förtärde Erik och allt inom dess räckvidd i en maelström av eld och mörker.

När solen steg upp över Stockholm följande morgon vaknade staden för att finna herrgården vid stadens kant reducerad till grus, dess hemligheter förlorade till tidens sand. Och även om Stockholms invånare viskade om den tragedi som hade drabbat Mörkrets herre, visste de i sina hjärtan att hans arv skulle leva vidare, en skugga kastad över staden i generationer framöver.

Whispers in the Night

In the heart of Stockholm, where the ancient spires of churches reach towards the heavens and the cobblestone streets echo with the whispers of centuries past, lies a city teeming with life and intrigue. It is a city of contrasts, where the opulence of the royal palace stands in stark contrast to the humble abodes of the working class, and where the narrow alleys of the old town are a labyrinth of secrets waiting to be uncovered.

At the edge of the city, where the waters of Lake Mälaren meet the sprawling metropolis, there stands a grand mansion shrouded in darkness. It is a place of mystery and intrigue, its towering walls cloaked in ivy and its windows veiled by heavy drapes. For centuries, the mansion has stood as a silent sentinel, guarding its secrets with the ferocity of a dragon guarding its hoard.

Inside the mansion, amidst the flickering candlelight and the musty scent of old books, lived a man named Erik. Tall and gaunt, with eyes as dark as the shadows that danced across the walls, he was a figure shrouded in mystery. Rumors swirled around him like a cloak, whispers of dark deeds and forbidden knowledge that had earned him the moniker of the "Dark Lord of Stockholm."

But Erik paid little heed to the gossip that surrounded him, for he was a man consumed by his own demons. For years, he had searched in vain for the answers to questions that haunted his every waking moment, questions that had driven him to the brink of madness. And yet, despite his best efforts, the truth remained elusive, a tantalizing mirage that danced just out of reach.

As the sun dipped below the horizon and the city was bathed in the soft glow of twilight, Erik sat alone in his study, poring over ancient tomes in search of the knowledge he so desperately sought. The fire crackled in the hearth, casting eerie shadows on the walls and sending tendrils of smoke curling towards the ceiling.

Outside, the streets of Stockholm were alive with the sounds of revelry, as the city's inhabitants celebrated the arrival of summer. But within the confines of the mansion, all was quiet save for the scratching of Erik's quill against parchment and the soft murmur of his voice as he recited incantations long forgotten by the world.

As the hours passed and midnight approached, Erik's efforts were rewarded at last. With a triumphant cry, he stumbled upon the answer he had been seeking, a revelation so profound that it sent shivers down his spine. For in that moment, he knew that he held in his hands the key to unlocking the mysteries of the universe, a power that had the potential to reshape the world itself.

With trembling hands, Erik gathered his belongings and set out into the night, his heart pounding with anticipation. He moved through the streets of Stockholm like a wraith, his cloak billowing behind him as he made his way towards the heart of the city.

His destination was a hidden chamber deep beneath the streets of Gamla Stan, a place of power and ancient knowledge that few dared to tread. As he descended into the darkness, Erik felt a sense of exhilaration course through his veins, a feeling of destiny fulfilled that drove him ever onwards.

At last, he reached the chamber, its walls adorned with symbols and sigils that glowed with an otherworldly light. With a sense of reverence, Erik approached the altar at the center of the room, where a single candle burned like a beacon in the darkness.

With practiced hands, he placed the ancient tome upon the altar and began to chant the incantation that would unlock its secrets. The words echoed through the chamber like the tolling of a funeral bell, filling the air with a sense of foreboding that sent shivers down Erik's spine.

And then, in a flash of blinding light, the chamber was filled with a presence so powerful that it seemed to engulf everything in its path. Erik felt a surge of energy course through his body, lifting him up and carrying him towards the heavens like a leaf caught in a storm.

For a moment, he hovered on the brink of oblivion, suspended between life and death, reality and illusion. And then, with a deafening roar, the chamber collapsed in on itself, consuming Erik and everything within its grasp in a maelstrom of fire and darkness.

As the sun rose over Stockholm the following morning, the city awoke to find the mansion at the edge of the city reduced to rubble, its secrets lost to the sands of time. And though the people of Stockholm whispered of the tragedy that had befallen the Dark Lord, they knew in their hearts that his legacy would live on, a shadow cast across the city for generations to come.

Eko från Malmö

I hjärtat av Malmö ligger Möllevångstorget, ett livligt torg där stadens puls slår som starkast. Vilken dag som helst är torget en myllrande plats, fylld med ljudet av försäljare som säljer sina varor och barn som leker vid fontänen. Det är en plats där Malmös mångfaldiga befolkning är tydlig, en smältdegel av kulturer och kök som ger staden dess unika smak.

I ena hörnet av torget står ett café, dess fönster smyckade med krukor av färgglada blommor och dess dörr på vid gavel för att välkomna den passerande brisen. Det är här vår berättelse börjar, en ljum sommareftermiddag, med doften av kaffe och kanel som hänger i luften.

Inne på caféet, mitt i kundernas prat och tallrikarnas klirrande, satt Clara, en kvinna med obestämd ålder med en gnista i ögat och en hemlighet gömd i sitt hjärta. Hon sippade långsamt på sitt kaffe, smakade på den bittersöta smaken medan hon såg världen passera utanför.

Clara hade bott i Malmö så länge hon kunde minnas, hennes rötter djupt förankrade i stadens jord som de gamla ekarna som radade dess gator. Hon hade sett staden förändras och växa över åren, sett gamla byggnader rivas för att ge plats åt nya, och nya ansikten ersätta de bekanta hon känt sedan barndomen.

Men mitt i förändringarnas virvel fanns det en konstant i Claras liv: caféet på Möllevångstorget. Det var här hon tillbringat otaliga timmar genom åren, sippat på kaffe och sett världen gå förbi. Det var här hon för första gången hade blivit kär, och här hon hade sagt farväl till sin älskade man när han gick bort alltför tidigt.

Medan Clara satt förlorad i tankar bröt en röst igenom minneshögarna, drog tillbaka henne till nuet. Det var rösten från en ung man, med en brytning tjock av ett främmande land.

"Ursäkta, är den här platsen upptagen?" frågade han och gestikulerade mot den tomma stolen mittemot Clara.

Clara tittade upp, hennes ögon mötte hans med en blandning av förvåning och nyfikenhet. Hon studerade honom ett ögonblick, tog in det uppriktiga uttrycket i hans ansikte och värmen i hans ögon.

"Nej, var så god, sätt dig," svarade hon och gestikulerade mot stolen med ett litet leende.

Den unge mannen nickade tacksamt och tog plats, hans ögon dartade runt caféet som om han försökte ta in allt. Clara betraktade honom med intresse, anade att det fanns mer med honom än mötte ögat.

"Är du ny i Malmö?" frågade hon och bröt den tystnad som hade lagt sig mellan dem.

Den unge mannen nickade, hans ögon lyste av upphetsning. "Ja, jag kom hit igår. Jag ska studera på universitetet."

Clara log, en stänk av nostalgi ryckte i hennes hjärta. Hon mindes sina egna dagar som ung student, ivrig att utforska världen bortom sin hemstad.

"Nåväl, välkommen till Malmö," sa hon, hennes röst varm av äkta gästfrihet. "Jag heter Clara."

Den unge mannen presenterade sig som Mateo, och snart var de fördjupade i samtal, delande historier från sina liv och sina drömmar för framtiden. Clara fann sig själv dragen till Mateos entusiasm och livsglädje, en påminnelse om den vitalitet som hon själv en gång hade besuttit.

Medan de pratade kunde Clara inte skaka av sig känslan att det fanns något bekant med Mateo, något som ryckte i minnets kanter som en halvglömd dröm. Hon studerade hans ansikte intensivt, sökte efter ledtrådar i linjerna och konturerna som talade om för ett liv levt.

Och sedan, i en blixt av igenkännande, kom det till henne: Mateo bar en slående likhet med någon från hennes förflutna, någon hon hade älskat och förlorat för många år sedan. Det var som om han var ett spöke från en annan tid, kom tillbaka för att hemsöka henne på de mest oväntade platserna.

Insikten skickade en skälvning längs Claras ryggrad, och hon kunde inte dra bort blicken från Mateos ansikte. Det var som om hon såg sin förlorade kärlek speglas i hans ögon, en bitterljuv påminnelse om allt som hon en gång hållit kärt.

Men medan eftermiddagen gick och skuggorna förlängdes, skuffade Clara bort sina tvivel och rädslor, väljer istället att omfamna nuets ögonblick. Hon skrattade och skämtade med Mateo, delade historier från sin ungdom och erbjöd honom råd om att navigera genom livet i Malmö.

Och när de skildes åt senare den eftermiddagen kände Clara en känsla av frid sänka sig över henne som en tröstande filt. För i Mateo hade hon funnit en själsfrände, en påminnelse om att kärleken har en tendens att hitta tillbaka till oss, även på de mest oväntade platserna.

När hon tog sig hem genom Malmös gator blandades ekot av det förflutna med ljuden från nuet, vävande en tapet av minnen som sträckte sig tillbaka genom åren. Och när Clara stängde dörren bakom sig och slog sig ner i sin favoritfåtölj visste hon att hon alltid skulle bära med sig en del av Mateo, en påminnelse om livets flyktiga skönhet och kärlekens outömliga kraft.

Echoes of Malmo

At the heart of Malmö lies Möllevångstorget, a bustling square where the pulse of the city beats strongest. On any given day, the square is a hive of activity, filled with the sounds of vendors hawking their wares and children playing in the fountain. It is a place where the rich tapestry of Malmö's diverse population is on full display, a melting pot of cultures and cuisines that gives the city its unique flavor.

In one corner of the square stands a café, its windows adorned with pots of brightly colored flowers and its door propped open to welcome the passing breeze. It is here that our story begins, on a balmy summer afternoon, with the scent of coffee and cinnamon lingering in the air.

Inside the café, amidst the chatter of patrons and the clatter of dishes, sat Clara, a woman of indeterminate age with a twinkle in her eye and a secret tucked away in her heart. She sipped her coffee slowly, savoring the bitter-sweet taste as she watched the world pass by outside.

Clara had lived in Malmö for as long as she could remember, her roots buried deep in the soil of the city like the ancient oaks that lined its streets. She had seen the city change and grow over the years, watched as old buildings were torn down to make way for new, and as new faces replaced the familiar ones she had known since childhood.

But amidst the whirlwind of change, there was one constant in Clara's life: the café on Möllevångstorget. It was here that she had spent countless hours over the years, sipping coffee and watching the world go by. It was here that she had fallen in love for the first time, and here that she had said goodbye to her beloved husband when he passed away all too soon.

As Clara sat lost in thought, a voice broke through the haze of memory, pulling her back to the present. It was the voice of a young man, his accent thick with the cadence of a foreign land.

"Excuse me, is this seat taken?" he asked, gesturing towards the empty chair opposite Clara.

Clara looked up, her eyes meeting his with a mixture of surprise and curiosity. She studied him for a moment, taking in the earnest expression on his face and the warmth in his eyes.

"No, please, sit," she replied, gesturing towards the chair with a small smile.

The young man nodded gratefully and took a seat, his eyes darting around the café as if trying to take it all in. Clara watched him with interest, sensing that there was more to him than met the eye.

"Are you new to Malmö?" she asked, breaking the silence that had settled between them.

The young man nodded, his eyes lighting up with excitement. "Yes, I just arrived yesterday. I'm here to study at the university."

Clara smiled, a pang of nostalgia tugging at her heartstrings. She remembered her own days as a young student, eager to explore the world beyond the confines of her hometown.

"Well, welcome to Malmö," she said, her voice warm with genuine hospitality. "I'm Clara."

The young man introduced himself as Mateo, and before long, they were deep in conversation, sharing stories of their lives and their dreams for the future. Clara found herself drawn to Mateo's enthusiasm and zest for life, a reminder of the vitality that she herself had once possessed.

As they talked, Clara couldn't shake the feeling that there was something familiar about Mateo, something that tugged at the edges of her memory like a half-forgotten dream. She studied his face intently, searching for clues in the lines and contours that spoke of a life lived.

And then, in a flash of recognition, it came to her: Mateo bore a striking resemblance to someone from her past, someone she had loved and lost many years ago. It was as if he were a ghost from another time, come back to haunt her in the most unexpected of places.

The realization sent a shiver down Clara's spine, and she found herself unable to tear her gaze away from Mateo's face. It was as if she were seeing her lost love reflected in the depths of his eyes, a bittersweet reminder of all that she had once held dear.

But as the afternoon wore on and the shadows lengthened, Clara pushed aside her doubts and fears, choosing instead to embrace the present moment. She laughed and joked with Mateo, sharing stories of her youth and offering him advice on navigating life in Malmö.

And as they parted ways later that afternoon, Clara felt a sense of peace settle over her like a comforting blanket. For in Mateo, she had found a kindred spirit, a reminder that love has a way of finding its way back to us, even in the most unexpected of places.

As she made her way home through the streets of Malmö, the echoes of the past mingled with the sounds of the present, weaving a tapestry of memories that stretched back through the years. And as Clara closed the door behind her and settled into her favorite armchair, she knew that she would always carry a piece of Mateo with her, a reminder of the fleeting beauty of life and the enduring power of love.

Berättelser från den svenska landsbygden

I den tysta landsbygden i Sverige, där de rullande kullarna möter den ändlösa skogen, vecklar livet ut sig i en lugn takt. Det är en plats där tiden verkar sträcka sig ut som en lat katt i solen, och varje ögonblick smakas som ett mogen bär plockat från vinstocken. Här, mitt i de lapptäcksfält och slingrande bäckar, frodas historier, vävande en tapet av mänsklig anknytning och lantlig charm.

I hjärtat av denna idylliska landskap ligger byn Ängelholm, en pittoresk samling av rödtakade stugor gömda bland fält av gyllene vete. Det är en plats där alla känner alla, där skvaller flödar som honung, och där naturens rytm dikterar livets tempo.

I en sådan stuga, gömd på byns utkant, bodde Anna Svensson, en kvinna med mjuk uppträdande och outtömlig nyfikenhet. Med hår i färgen av spunnet guld och ögonen i färgen av en sommarhimmel, var hon en bekant närvaro i Ängelholm, känd för sin vänlighet och självgivna anda.

På denna särskilda morgon, när solen tittade över horisonten, begav sig Anna ut på sin dagliga promenad genom landsbygden. Lufta var krispig och ren, fylld med doften av tall och vildblommor. Hon följde den slingrande stigen som ledde genom fält av gungande gräs och ängar prickade med betande får, hennes steg lätta och säkra.

När hon promenerade kunde Anna inte låta bli att känna en känsla av förundran över den skönhet som omgav henne. Landsbygden verkade komma till liv med varje passerande ögonblick, som om den viskade hemligheter som bara hon kunde höra. Hon stannade upp för att beundra den delikata dansen av en fjäril bland vildblommorna och för att lyssna till fågelsången som fyllde luften.

Det var då hon såg honom, en ensamgestalt stående vid kanten av ett fält, hans blick fäst på horisonten. Han var lång och smal, med väderbitna drag som talade om ett liv nära landet. Hans händer var förhärdade och starka, ändå fanns det en mjukhet i hans beröring som motsade hans robusta exteriör.

"God morgon," ropade Anna, hennes röst som bar på vinden.

Mannen vände sig mot henne, hans uttryck en av förvåning och nyfikenhet. "God morgon," svarade han, hans röst sträv men varm.

De stod där en stund, två främlingar förenade av slumpen på en sommarmorgon. Och när Anna tittade in i mannens ögon kände hon en gnista av anslutning tändas inom henne, som en låga som fladdrade till liv i mörkret.

"Vill du följa med mig på en promenad?" frågade hon och gestikulerade mot stigen som sträckte sig framför dem.

Mannen tvekade en stund, hans blick fladdrade mellan Anna och horisonten. Och sedan, med ett leende som fick ögonvrån att rynka sig, nickade han med huvudet.

Tillsammans begav de sig ut i landsbygden, deras steg i samklang med jordens rytm. De talade om enkla saker, om vädret och grödan och årstidernas växlingar. Och med varje passerande ögonblick kände Anna sig dragen djupare in i mannens sfär, som om de var två planeter fångade i varandras gravitation.

Under promenaden delade mannen med sig av historier från sitt liv på landsbygden, av långa dagar tillbringade med arbete på fälten och nätter under stjärnklar himmel. Han talade om den band han kände till landet, om känslan av tillhörighet som kom från att vara rotad i jorden. Och när Anna lyssnade kunde hon inte låta bli att beundra den tysta styrkan och motståndskraften som lyste igenom hans ord.

När de nådde skogens kant hade solen stigit högt på himlen, kastande fläckiga skuggor på skogsgolvet. Anna vände sig mot mannen, ett leende lekte vid hennes läppar.

"Tack för att du promenerade med mig," sade hon, hennes röst mjuk men uppriktig.

Mannen återgäldade hennes leende, hans ögon glittrade av en blandning av värme och tacksamhet. "Nöjet var mitt," svarade han, hans röst lika stadig som ett hjärtslag.

Och med det skildes de åt, var och en bär med sig minnet av en morgon tillbringad i sällskap med en främling som hade känts som en gammal vän. För på den svenska landsbygden, där gränserna mellan dåtid och nutid suddas ut som färgerna av en solnedgång, smids kopplingar på de mest oväntade platserna, binder oss samman som rötterna av en uråldrig ek.

Tales from the Swedish Countryside

In the quiet countryside of Sweden, where the rolling hills meet the endless expanse of forest, life unfolds at a leisurely pace. It is a place where time seems to stretch out like a lazy cat in the sun, and each moment is savored like a ripe berry plucked from the vine. Here, amidst the patchwork fields and meandering streams, stories abound, weaving a tapestry of human connection and rural charm.

At the heart of this idyllic landscape lies the village of Ängelholm, a quaint collection of red-roofed cottages nestled among fields of golden wheat. It is a place where everyone knows everyone else, where gossip flows like honey, and where the rhythms of nature dictate the pace of life. In one such cottage, tucked away on the outskirts of the village, lived Anna Svensson, a woman of gentle demeanor and boundless curiosity. With hair the color of spun gold and eyes the color of a summer sky, she was a familiar presence in Ängelholm, known for her kindness and generosity of spirit.

On this particular morning, as the sun peeked over the horizon, Anna set out on her daily walk through the countryside. The air was crisp and clean, tinged with the scent of pine and wildflowers. She followed the winding path that led through fields of swaying grass and pastures dotted with grazing sheep, her footsteps light and sure.

As she walked, Anna couldn't help but feel a sense of wonder at the beauty that surrounded her. The countryside seemed to come alive with each passing moment, as if it were whispering secrets that only she could hear. She paused to admire the delicate dance of a butterfly among the wildflowers, and to listen to the symphony of birdsong that filled the air. It was then that she spotted him, a solitary figure standing at the edge of a field, his gaze fixed on the horizon. He was tall and lean, with weather-beaten features that spoke of a life lived close to the land. His hands were calloused and strong, yet there was a gentleness in his touch that belied his rugged exterior.

"Good morning," Anna called out, her voice carrying on the breeze.

The man turned to face her, his expression one of surprise and curiosity. "Good morning," he replied, his voice rough yet warm.

They stood there for a moment, two strangers brought together by chance on a summer's morning. And as Anna looked into the man's eyes, she felt a spark of connection ignite within her, like a flame flickering to life in the darkness.

"Would you like to join me for a walk?" she asked, gesturing towards the path that stretched out before them.

The man hesitated for a moment, his gaze flickering between Anna and the horizon. And then, with a smile that crinkled the corners of his eyes, he nodded his head.

Together, they set out into the countryside, their footsteps falling in sync with the rhythm of the land. They talked of simple things, of the weather and the crops and the changing of the seasons. And with each passing moment, Anna felt herself drawn deeper into the man's orbit, as if they were two planets caught in each other's gravitational pull.

As they walked, the man shared stories of his life in the countryside, of long days spent toiling in the fields and nights spent under the star-filled sky. He spoke of the bond he felt with the land, of the sense of belonging that came from being rooted in the earth. And as Anna listened, she couldn't help but admire the quiet strength and resilience that shone through his words.

By the time they reached the edge of the forest, the sun was high in the sky, casting dappled shadows on the forest floor. Anna turned to the man, a smile playing at the corners of her lips.

"Thank you for walking with me," she said, her voice soft yet sincere.

The man returned her smile, his eyes twinkling with a mixture of warmth and gratitude. "The pleasure was mine," he replied, his voice as steady as the beating of a heart.

And with that, they parted ways, each carrying with them the memory of a morning spent in the company of a stranger who had felt like an old friend. For in the countryside of Sweden, where the lines between past and present blur like the colors of a sunset, connections are forged in the most unexpected of places, binding us together like the roots of an ancient oak tree.

Sommarsolstånd i Stockholm

Solen hängde lågt över Stockholms silhuett och kastade långa skuggor över de kullerstensbelagda gatorna i den gamla staden. Det var sommarens höjdpunkt, och luften var full av syrsors surr och barnens skratt när de lekte i parkerna. I denna stad av kontraster, där det gamla och det moderna existerade i perfekt harmoni, slog livets puls starkt och stadigt, som den jämnt taktande rytm av en avlägsen trumma.

Erik stod på däcket till sin båt, den mjuka brisen rufsade till hans hår när han blickade ut över de skimrande vattnen i Mälaren. Hans båt, ett väderbitet fartyg vid namn *Nordstjärna*, hade varit hans tillflyktsort så länge han kunde minnas, en fristad där han kunde fly undan världens kaos och förlora sig i havets stillsamma omfamning.

När han spanade ut över horisonten, vandrade hans tankar tillbaka till händelserna som hade fört honom till detta ögonblick. Det hade gått ett år sedan han återvänt till Stockholm, ett år sedan han lämnade de dammiga gatorna i Madrid och spökena från sitt förflutna bakom sig. Under den tiden hade han försökt bygga upp sitt liv igen, sökt tröst i de bekanta rytmerna från sin hemstad. Men oavsett hur mycket han försökte, fortsatte minnena från den ödesdigra natten att hemsöka honom, en skugga som lurade i hans sinnes mörker.

Han hade kommit till Stockholm i sökandet efter upprättelse, efter en chans att börja på nytt. Och ändå, när dagarna blev veckor och veckorna blev månader, hade han funnit sig fast i samma ändlösa cykel av längtan och ånger. Det var som om staden själv höll honom fången, dess gator en labyrint från vilken det inte fanns något utväg.

Men ikväll var annorlunda. Ikväll var det sommarsolståndet, en tid för firande och förnyelse. Och när Erik såg solen sjunka ner under horisonten, målande himlen i nyanser av karmosinrött och guld, kände han en glimt av hopp väckas inom sig. Kanske, tänkte han, skulle ikväll vara kvällen då han äntligen kunde lägga spökena från sitt förflutna till vila.

Med en förnyad känsla av syfte började Erik förbereda sin båt inför den kommande kvällen. Han polerade mässingsbeslagen tills de glänste i det falnande ljuset och tände en lykta för att leda vägen genom mörkret. Medan han arbetade, tystnade stadens ljud i bakgrunden och ersattes av vågornas rytmiska kluckande mot skrovet och det mjuka knarrandet från det träiga däcket under hans fötter.

När natten föll seglade Erik ut mot Stockholms hjärta, stadens ljus glittrade som stjärnor mot den sammetssvarta himlen. Luften var tung av doften från jasmin och salt, en beroendeframkallande blandning som rörde något djupt inom honom. Han kände som om han stod på gränsen till ett stort äventyr, en resa in i det okända där allt var möjligt.

När han navigerade genom de smala kanalerna som slingrade sig genom staden, kände Erik en känsla av lugn skölja över honom. Mälarens vatten var som en spegel, återspeglade skönheten i världen runt omkring honom. Och när han stirrade ner i dess djup, såg han inte spöket av sitt förflutna, utan löftet om en ännu oskriven framtid.

Det var då han såg henne, stående på stranden med håret flammande i månskenet. Hon var en vision av överjordisk skönhet, hennes ögon glittrade av en blandning av busighet och längtan. I den stunden visste Erik att han hade funnit vad han hade sökt efter, den undflyende gnistan av kontakt som hade undgått honom så länge.

Med en känsla av syfte som gränsade till desperation styrde Erik sin båt mot stranden, hans hjärta bultande i bröstet. Han förankrade *Nordstjärna* med skälvande händer, hans blick aldrig lämnade figuren som stod på stranden. Och när han än en gång satte fot på fast mark kände han en rusning av adrenalin pulsera genom sina ådror, driva honom framåt med en brådskande kraft han inte kunde ignorera.

"Hej," ropade han, hans röst knappt mer än en viskning i nattens stillhet.

Kvinnan vände sig mot honom, hennes ögon lysande av nyfikenhet. "Hej," svarade hon, hennes röst lika mjuk som brisen som rörde löven på de närliggande björkträden.

För en stund stod de där, två främlingar förenade av en slump på en sommarkväll. Och i den stunden kände Erik som om världen hade förskjutit sig på sin axel, i perfekt harmoni med hans hjärtrytms rytm.

"Vill du följa med mig?" frågade han och gestikulerade mot båten som gungade lätt i vattnet.

Kvinnan tvekade en stund, hennes blick fladdrade mellan Erik och båten. Och sedan, med ett leende som lyste upp mörkret som en fyr, nickade hon.

Tillsammans seglade de ut i natten, deras skratt blandat med de mjuka vågornas kluckande mot skrovet. Och när de försvann in i mörkret visste Erik att han äntligen hade funnit hem.

Solstice in Stockholm

The sun hung low over the skyline of Stockholm, casting long shadows across the cobbled streets of the old city. It was the height of summer, and the air was alive with the buzz of cicadas and the laughter of children playing in the parks. In this city of contrasts, where the ancient and the modern coexisted in perfect harmony, the pulse of life beat strong and steady, like the steady rhythm of a distant drum.

Erik stood on the deck of his boat, the gentle breeze tousling his hair as he gazed out over the shimmering waters of Lake Mälaren. His boat, a weathered vessel named *Nordstjärna*, had been his sanctuary for as long as he could remember, a haven where he could escape the chaos of the world and lose himself in the tranquil embrace of the sea.

As he scanned the horizon, his thoughts drifted back to the events that had brought him to this moment. It had been a year since he had returned to Stockholm, a year since he had left behind the dusty streets of Madrid and the ghosts of his past. In that time, he had tried to rebuild his life, to find solace in the familiar rhythms of his hometown. But no matter how hard he tried, the memories of that fateful night continued to haunt him, a specter that lurked in the shadows of his mind.

He had come to Stockholm seeking redemption, seeking a chance to start anew. And yet, as the days turned into weeks and the weeks into months, he had found himself caught in the same endless cycle of longing and regret. It was as if the city itself held him prisoner, its streets a labyrinth from which there was no escape.

But tonight was different. Tonight was the summer solstice, a time of celebration and renewal. And as Erik watched the sun dip below the horizon, casting the sky ablaze with hues of crimson and gold, he felt a glimmer of hope stir within him. Perhaps, he thought, tonight would be the night when he could finally lay the ghosts of his past to rest.

With a renewed sense of purpose, Erik set about preparing his boat for the evening ahead. He polished the brass fittings until they gleamed in the fading light, and he lit a lantern to guide his way through the darkness. As he worked, the sounds of the city faded into the background, replaced by the rhythmic lapping of waves against the hull and the gentle creaking of the wooden deck beneath his feet.

As night fell, Erik set sail into the heart of Stockholm, the city lights twinkling like stars in the velvet sky. The air was thick with the scent of jasmine and salt, a heady combination that stirred something deep within him. He felt as if he were on the cusp of a great adventure, a journey into the unknown where anything was possible.

As he navigated the narrow channels that wound their way through the city, Erik felt a sense of calm wash over him. The waters of Lake Mälaren were like a mirror, reflecting back the beauty of the world around him. And as he gazed into their depths, he saw not the specter of his past, but the promise of a future yet unwritten.

It was then that he saw her, standing on the shore with her hair ablaze in the moonlight. She was a vision of ethereal beauty, her eyes sparkling with a mixture of mischief and longing. In that moment, Erik knew that he had found what he had been searching for, that elusive spark of connection that had eluded him for so long.

With a sense of purpose that bordered on desperation, Erik guided his boat towards the shore, his heart pounding in his chest. He anchored *Nordstjärna* with trembling hands, his gaze never leaving the figure standing on the shore. And as he stepped onto solid ground once more, he felt a rush of adrenaline course through his veins, driving him forward with an urgency he could not ignore.

"Hello," he called out, his voice barely more than a whisper in the stillness of the night.

The woman turned to face him, her eyes alight with curiosity. "Hello," she replied, her voice as soft as the breeze that stirred the leaves of the nearby birch trees.

For a moment, they stood there, two strangers brought together by chance on a summer's eve. And in that moment, Erik felt as if the world had shifted on its axis, aligning itself in perfect harmony with the rhythm of his heart.

"Would you like to join me?" he asked, gesturing towards the boat that bobbed gently in the water.

The woman hesitated for a moment, her gaze flickering between Erik and the boat. And then, with a smile that illuminated the darkness like a beacon, she nodded her head.

Together, they set sail into the night, their laughter mingling with the gentle lapping of waves against the hull. And as they disappeared into the darkness, Erik knew that he had finally found his way home.

Ekot av Stockholm

I den dämpade omfamningen av skymningen, där skuggor och viskningar sammansmälter, vecklar Stockholm ut sin berättelse i lager av flyktiga ögonblick. Här, mitt ibland de melankoliska viskningarna från forntida kullerstenar och det mjuka kluckandet från Östersjön mot stadens stränder, flätas historier samman som trådar i en tapet, vävande ett ömt nät av mänskliga upplevelser.

I hjärtat av denna labyrintiska stad ligger Gamla Stan, en tidlös enklav där det förflutna och nutiden dansar i en skör vals. Smala gränder slingrar sig som ormar genom sekelgamla byggnader smyckade med bleka fasader, var och en vittnande om historiens ebb och flod. Det är inom denna labyrint som vår berättelse börjar, en saga om kärlek, förlust och den obevekliga tidens gång.

I en anspråkslös lägenhet gömd i en av Gamla Stans slitna byggnader satt Sofia vid fönstret, hennes blick följde mönstren av regndroppar som smet ner längs glaset. Hennes tankar, som rökslingor, drev genom rummen och dröjde sig kvar i hörnen där minnen låg gömda som bortglömda skatter.

Utanför suckade staden under ett täcke av grå moln, dess gator översvämmade av höstens dämpade färger. Doften av fuktig jord blandades med den svaga aromen av nybakat bröd, som svepte från ett närliggande bageri. Det var en doft som bar med sig en känsla av nostalgi, av dagar som gått men för evigt inristade i stadens tyg.

Sofias fingrar följde kanten på hennes tekopp, porslinet varmt mot hennes hud. Hon sippade långsamt, smakande på den bitterljuva smaken av bergamott och längtan. I den tystnad som omslöt henne väcktes minnen som spöken som vaknat ur sömnen, deras viskningar ekande genom hennes hjärtkammare.

Hon mindes första gången hon vandrat dessa gator, hand i hand med Anton, deras skratt som musik i den friska kvällsluften. De hade varit unga då, deras drömmar lika gränslösa som himlen ovanför. Men tiden, den obevekliga tjuven, hade stulit deras oskuld och lämnat efter sig ett spår av krossade illusioner.

Anton, med sitt ostyriga hår och ögon som stormmoln, hade varit hennes ankare i en hav av osäkerhet. Tillsammans hade de navigerat genom livets labyrint, sökt tröst i varandras famn. Men medan åren rullade ut sig som pergament hade deras kärlek blivit fransad i kanterna, slitits tunn av tyngden av osagda ord och ouppfyllda löften.

Nu, när Sofia såg regnet rita intrikata mönster på kullerstenarna nedanför, kunde hon inte låta bli att undra var det hade gått fel. Hade de varit för naiva för att tro att kärleken kunde besegra allt? Eller hade de helt enkelt förlorat sikten på det sköra band som en gång hade bundit dem samman?

En mjuk knackning på dörren bröt stillheten och ryckte Sofia ur sin dagdröm. Med tveksamma steg korsade hon rummet, hennes hjärta dunkande som en trumma i hennes bröstkorg. Hon tvekade en stund, hennes hand svävade över dörrhandtaget, innan hon slutligen samlade modet att öppna den.

På tröskeln stod en gestalt badad i det mjuka ljuset från gatlyktorna, hans silhuett bekant men på något sätt avlägsen. Det var Anton, hans ögon trötta men fyllda av en flämtande känsla av hopp.

"Sofia," viskade han, hans röst en knappt hörbar susning i den samlade skymningen. "Jag var tvungen att se dig."

I ett ögonblick stod de där, två själar drivna bort i tidens oändliga vidd. Och i det flyktiga ögonblicket såg Sofia ekot av deras förflutna speglas i Antons ögon, en gripande påminnelse om allt de en gång hade varit.

Utan ett ord sträckte hon ut sin hand, hennes fingrar flätade samman med hans, ett tyst löfte som svävade mellan dem. Och medan de stod där, badade i det mjuka skenet av skymningen, visste Sofia att oavsett var livets slingrande stig än må leda dem, skulle de alltid vara bundna av de osynliga trådar av kärlek som hade vävt deras hjärtan samman.

Tillsammans trädde de ut i natten, regnet sköljde bort gårdagens sorger och banade väg för en ännu oskriven framtid. För i hjärtat av Stockholm, där ekon av det förflutna dröjer kvar i varje skugga, har kärleken en förmåga att hitta sin väg hem.

Echoes of Stockholm

In the hushed embrace of twilight, where shadows and whispers coalesce, Stockholm unfolds its narrative in layers of fleeting moments. Here, amidst the melancholy whispers of ancient cobblestones and the gentle lapping of the Baltic Sea against the city's shores, stories intertwine like threads in a tapestry, weaving a delicate web of human experiences.

At the heart of this labyrinthine city lies Gamla Stan, a timeless enclave where the past and present dance in a delicate waltz. Narrow alleyways wind like serpents through centuries-old buildings adorned with faded facades, each bearing witness to the ebb and flow of history. It is within this labyrinth that our story begins, a tale of love, loss, and the relentless passage of time.

In a modest apartment tucked away in one of Gamla Stan's weathered buildings, Sofia sat by the window, her gaze tracing the patterns of raindrops sliding down the glass. Her thoughts, like wisps of smoke, drifted through the rooms, lingering in the corners where memories lay nestled like forgotten treasures.

Outside, the city sighed beneath a blanket of gray clouds, its streets awash with the muted hues of autumn. The scent of damp earth mingled with the faint aroma of freshly baked bread, wafting from a nearby bakery. It was a scent that carried with it a sense of nostalgia, of days long gone yet forever etched into the fabric of the city.

Sofia's fingers traced the rim of her teacup, the porcelain warm against her skin. She sipped slowly, savoring the bitter-sweet taste of bergamot and longing. In the silence that enveloped her, memories stirred like ghosts awakening from slumber, their whispers echoing through the chambers of her heart.

She remembered the first time she had wandered these streets, hand in hand with Anton, their laughter like music in the crisp evening air. They had been young then, their dreams as boundless as the sky above. But time, that relentless thief, had stolen their innocence, leaving in its wake a trail of shattered illusions.

Anton, with his unruly hair and eyes the color of storm clouds, had been her anchor in a sea of uncertainty. Together, they had navigated the labyrinth of life, seeking solace in each other's arms. But as the years unfurled like parchment, their love had become frayed at the edges, worn thin by the weight of unspoken words and unfulfilled promises.

Now, as Sofia watched the rain trace intricate patterns on the cobblestones below, she couldn't help but wonder where it had all gone wrong. Had they been too naive to believe that love could conquer all? Or had they simply lost sight of the fragile bond that had once tethered them together?

A soft knock on the door shattered the stillness, pulling Sofia from her reverie. With hesitant steps, she crossed the room, her heart pounding like a drum in her chest. She hesitated for a moment, her hand hovering over the doorknob, before finally summoning the courage to open it.

Standing on the threshold was a figure bathed in the soft glow of streetlights, his silhouette familiar yet somehow distant. It was Anton, his eyes weary yet filled with a flicker of something akin to hope.

"Sofia," he murmured, his voice a mere whisper in the gathering dusk. "I had to see you."

For a moment, they stood there, two souls adrift in the vast expanse of time. And in that fleeting moment, Sofia saw the echoes of their past reflected in Anton's eyes, a poignant reminder of all they had once been. Without a word, she reached out, her fingers intertwining with his, a silent promise lingering between them. And as they stood there, bathed in the soft glow of twilight, Sofia knew that no matter where life's winding path may lead, they would always be bound by the invisible threads of love that had woven their hearts together.

Together, they stepped out into the night, the rain washing away the sorrows of yesterday and paving the way for a future yet unwritten. For in the heart of Stockholm, where echoes of the past linger in every shadow, love has a way of finding its way home.

* 9 7 9 8 2 2 4 8 9 9 1 7 3 *